Los vínculos salvajes

MUSEO SALVAJE
Colección de poesía
Homenaje a Olga Orozco

Homage to Olga Orozco
Poetry Collection
WILD MUSEUM

Juan Carlos Olivas

Los vínculos salvajes

Nueva York Poetry Press

Nueva York Poetry Press LLC
128 Madison Avenue, Office 2RN
New York, NY 10016, USA
Telephone number: +1(929)354-7778
nuevayork.poetrypress@gmail.com
www.nuevayorkpoetrypress.com

Los vínculos salvajes

© 2025 Juan Carlos Olivas

ISBN-13: 978-1-966772-05-7

© *Poetry Collection*
Wild Museum 67
(Homage to Olga Orozco)

© Publisher & Editor-in-Chief:
Marisa Russo

© Editor and blurb:
Francisco Trejo

© Layout Designer:
Moctezuma Rodríguez

© Cover Designer:
William Velásquez Vásquez

©Author's Photographer:
Author personal archive

© Cover Image:
Paradigmas en el tiempo, 1994
Master Jaime Vásquez

Olivas, Juan Carlos
Los vínculos salvajes, 1ª ed. New York: Nueva York Poetry Press, 2025, 104 pp. 5.25" x 8".

1. Costa Rican Poetry   2. Latin American Poetry

All rights reserved. No part of this publication may be reproduced, distributed, or transmitted in any form or by any means, including photocopying, recording, or other electronic or mechanical methods, without the prior written permission of the publisher, except in the case of brief quotations embodied in critical reviews and certain other non-commercial uses permitted by copyright law. For permissions contact the publisher at: nuevayork.poetrypress@gmail.com.

La crueldad nos hizo semejantes a los animales sagrados y nos condujimos con majestad y concertamos grandes sacrificios y ceremonias dentro de nuestro espíritu.

ANTONIO GAMONEDA

Nos marchitamos en la juventud, y hartos de todo, no encontramos nuestra recompensa ni saciamos nuestra sed.

LORD BYRON

La belleza será CONVULSIVA o no será.

ANDRÉ BRETON

***T*ODO APUNTA A QUE ESTE PUEDE SER UN MAL DÍA.**
Las Furias no marcaron la dirección del viento. Nada me dice el fuego en su danza onerosa. Con prisa he bebido mi café y no hay mácula al fondo de la taza. No estoy ni para mí; pero, alguien llega a tocar a mi puerta. Me visto rápidamente con parábolas porque una verdad desnuda jamás es bien recibida. Los atiendo. Hacen fila. En una antesala esperan sentados en un sillón de mimbre mientras los hago pasar uno a uno a la mesa. Mis manos barajan el tarot por cuenta propia, casi no necesitan una orden. Soy una bruja venida a menos en un mundo de parias. Soy una bruja que no quiere matar su gato negro. Soy una bruja que exhorta los demonios al espejo. Soy el acatamiento risible del fantasma. Por una sopa te diré lo que quieras. Por una enagua o una blusa te cantaré en rumano, en esperanto, en creole, lo que tú ordenes. Soy de fiar la mayoría del tiempo, pero escondo una daga en forma de cruz adentro de mi bota. Me la dio una papisa africana de dientes amarillos. Con ella despellejo los días y abro cartas sin remitentes. Vamos, pasa, no te quedes ahí momificado por tus propias palabras. Siéntate conmigo, extiéndeme la mano. Yo te diré lo que te pasa. Lo diré todo, aunque no sea un buen día ni para ti ni para mí. El humo de plata se extiende como un pequeño idioma. Quienes lo vemos lo hablamos. Entro en tus venas como en la sangre de la luz. Palpito en los incendios de tus párpados. Dame tu oscuridad para mojarla. Que tú y yo seamos el tercero que hace falta. El que no fenece, el que posee la fuerza, el que no falla. Forjémosle una mano, un sexo, una mirada. Que como Eurímone, engendre a su vez, una serpiente en la crudeza de las aguas y sostenga el cielo con nuestra sed.

Nada hay más allá del día salvo este sol que emerge de mi baraja de Marsella; el mirlo que desteje la vida con su canto y estas palabras que tocas sin quemarte. Ardamos, pues, en la resaca que afina el movimiento, como si muertos estuviésemos, y ciegos nos guiásemos, al fin, hacia otra muerte.

A NADIE VAMOS A ENGAÑAR CON ESTO:
El tiempo exige sangre.

Lo intuía el padre de mi padre
al talar el primer árbol,
hube de saberlo entonces
al sentirlo caer, tan fuerte era,
bajo el estrépito de una selva
rodeada por bárbaros.

Parte de un hacha
sabe que es un fantasma de madera.
No se le puede culpar.
Convenimos hacer una casa
de ese y muchos árboles
que corrieron igual suerte,
sin saber que nombrábamos,
noche tras noche,
impero tras imperio,
las entrañas silentes de un cadáver.

Aun así,
aquella y ciertas casas nos protegieron
de la crueldad de los elementos,
bailamos sobre sus pisos encerados,
vimos crecer a otros en la paz de sus savias,
y morir a cuanto ancestro
pueda enterrarse en sus afueras.

Pero algo reclamaba en silencio
aquella cortadura,
los veranos se presentaban lentos
como cortejos fúnebres,
había una rara expectación
entre lo que la vida solía disponer
y lo que el destino impuso a toda costa.

Lo que los bárbaros llamaban fragancia,
para mí era un hondo olor a sangre.
No sabía que la muerte hilvanaba
tan fina y tan diversa nuestra historia.

Y ahora, estamos aquí,
tratando de elegir palabras
que definan el sabor del hierro,
sorteando los embates de los leñadores,
amparados a la única luz
que emigra a sus adentros.

Y entre todas las formas
que surgen de este claroscuro
aún persiste la que empaña tus ojos:
ya no busques tu casa,
no somos más
que la herida que habitamos.

Hoy es un buen día
para fingir que he muerto.

El último día del año
en que todo es permitido,
incluso la verdad;
decir que no nos gustan
las reuniones familiares,
o proponerse un vicio
para después dejarlo,
y agitar una bandera
a la manera del héroe,
sin duda el más amargo,
el desolado príncipe
del que hablaba Nerval
antes de ser con su cuerpo
paisaje de árbol de su sangre.

Todos deberían fingir su muerte
al menos una vez, esconderse
y divertirse detrás de la cortina
viendo cómo el pánico hace de las suyas.

Has de saber entonces
quién vendría y quién no.
Quién llegaría a contemplar
el prodigio de tu carne aún tibia
o quién hurgaría en tus bolsillos
o quitaría de tu dedo el anillo de oro.

Al menos a mí me mata
-valga la paradoja-
la curiosidad de verme muerto.

Habría que dejar cada cosa en su sitio,
una ventana encendida
o el balcón abierto como Lorca,
y los motivos escritos
en las patas de las luciérnagas;
que ellas lleven el mensaje,
que den el aviso en las tabernas
y en los parques.

Sería preciso pensar en qué decir.
Total, serían las últimas palabras,
aunque cada palabra dicha
siempre fue la última,
con todo lo que implica
su verdad o su mentira.
Pero esta vez,
el lobo sí vendría a devorarnos.

En fin, que hoy nada me placería más
que arrancarle un cuerno
a esta bestia llamada realidad,
apuntarme con el índice en la sien,
y de una vez por todas
halar el gatillo
y reírme.

EN ESTA ESQUINA
donde todo es distinto
asumo el recomienzo.

Como a una madre
a la que se le ha dejado de hablar
y al borde del crepúsculo vital
tornan las paces a merced de los labios,
pronuncio aquella voz;
la contraseña que mi infancia
reconoce como propia,
un aroma a naranjo o a guayaba,
una figura que fue moldeando el aire
en el barro del sueño.

Aminora mi gracia el tiempo que he perdido
en tierras más hostiles y brillantes,
en gentes que me daban igual,
los trabajos que me sobrevivieron lejos ya
de mi pulso y mi dominio;
porque la vida no era este apacible claustro
con olor a flor mustia,
porque no se hallaba
en la verdad silente de las confesiones,
ni en la mentira que palpita su agudeza,
sino en los chopos encontrados al amanecer,
en los parques pletóricos de fiesta
donde fui niño entre otros niños
y llamaba por su nombre al asombro.

Hoy ya no hay nada de eso.
Sólo estos equipajes
cargados de grilletes invisibles,
una hernia en la espalda
y esta colección de aeropuertos
que me alejaron de todo lo que amo.

Alucinado, miro por las ventanas
y rebusco como arrancando pliegos del paisaje.
Ésta no es la vejez, pero se le parece.
¿Acaso no la muerte?
Puede que sea necesario
admitir el papel del derrotado
a pesar de que surjan
coronas ajenas bajo nuestros pies.

Pronto veré a la mariposa monarca
volver ante su deuda de ceniza, cansada,
hacia su tierra natal.
Yo tendré el invierno en las mejillas,
cabalgaré la música de los desheredados
y en un último intento por resarcir la juventud
diré que nada es mío
aunque todo rebose,
      ahora,
          con un brillo de sangre
               entre mis manos.

A VECES ME PREGUNTAN MI NOMBRE Y DIGO:
    ULISES.

Por los mares de las noches abiertas
navego con mi barca de niebla
                        hacia la música.
Al fondo, late un canto,
un signo órfico que rueda
por el filo de la luna hasta caerse.

Libros viejos me acompañan,
mi tripulación que combate el vendaval
corona este huracán hecho de letras.

Los cadáveres de las sirenas en la espuma
nos recuerdan lo que no hay que seguir;
pero, la magia sigue siendo una
a pesar del misterio y sus embustes,
                        a pesar del diamante
y la autofagia de los dioses,
a pesar de todas las Penélopes
ahogadas en la orilla de la espera.

Ningún hijo está a salvo
de compartir el destino de su padre.

No más puro que el deseo
el árbol maldito sabe que puede dar sus frutos,

y hay tinta que discurre con la lluvia
     que mermó a su tiempo.

Lo que depara el mar es lo infinito.
No la dorada costa
donde el sol se pudre tardo,
no los oráculos que auguran
las victorias de nuestros enemigos,
no los fantasmas de la perfección
en un vaivén de plata detrás de los helechos.

Va más allá,
  emigra su verdad
    como el rayo de culpa
      hacia la carne;
convierte en naufragio todo orden,
desaparece los días para siempre.

A viejos llegan
los que ya no fueron héroes.

Un sueño truena aún en la memoria.

A veces me preguntan mi nombre,
y sin saberlo, digo: Ítaca.

QUISE RECAPITULAR.
Decir que esta noche
con su lluvia, sus nieblas,
sus luces amarillas quebrándose
en la raíz del frío,
es igual a las noches
de mi primera juventud,
donde mis posesiones se limitaban
a unos cuantos libros, un cuartucho,
una cama, y una soledad paupérrima
que a veces transmutaba
en un desnudo cuerpo blanco,
y lunares que formaban la palabra tregua
en plena oscuridad.
Y entregado así al embeleso
del temblor y de la carne,
era más soportable la miseria,
el fulgor de los meses recluido
en la canción de los suburbios.
Una noche igual a esta
descubrí el idioma común
de los que nada tienen,
y ya no olvidé nunca
el vocablo de la sed y la humedad.
Esta noche es otro cuerpo,
otras palabras que brillan al tocarlas,
y otras cuantas posesiones
para no negar que tengo algo qué perder.

Sin embargo,
es posible que la lluvia sea la misma.
Sí. Yo quisiera seguir contando
cómo fueron las cosas,
pero nada vuelve ya
en estas luces quebradas
que veo
y que no existen.

ACODADO EN UN RINCÓN DE LA BARCA
saco la mano para tocar el agua
y ver si es real.
Un brillo de plata
me devuelve el rostro
que era mío y no comprendo.
Pero aún hay algo en el gesto,
un rayo melancólico
forjando estrías en el pensamiento,
un remolino de voces que emergen
cuando el remo toca el agua.
-*¿Qué es eso, allá, en la orilla?*, pregunto,
señalando al ángel
que sostiene un libro en llamas.
-*Una tonta historia. Tu historia.*
Balbucea Caronte sin verme,
mientras sigue remando.

> *Qué podrán exigirme cuando el tiempo*
> *nos vuelva claridad.*
> ÁNGEL GARCÍA LÓPEZ

NADA PODRÁN EXIGIRME
cuando el tiempo me torne claridad.
Amé a tantísimas mujeres,
a tantos hombres,
y depuse mi lanza ante el fuego enemigo
sin importar que ardiera sin fe mi juventud.
Viví cada segundo como si fuera el último.
Si tuve rabia,
dejé de par en par abiertas las esclusas,
no me inmutó su agua acusadora;
si no me llamaba un día el árbol del perdón
no desdeñé su causa en mis raíces.
El camino ajeno no me condujo hasta aquí.
Ignoro si acerté en mi propio rumbo,
pero se me dio bien ser uno en la inclemencia,
contemplar el orgullo desde lejos.
Ahora que las cosas llegan a su fin,
que me traspasa en silencio su belleza,
sé que nada podrá exigirme el tiempo,
pues yo todo lo di,
y salvo está quien da
aunque lleve en la sangre su condena.

VI COSAS EN LA NATURALEZA
repetidas tantas veces frente a mí
y ahora lo comprendo: no existe la crueldad.
Solo un deseo de vida.
Temprano despedacé un cuerpo más débil;
su presencia y vulnerabilidad
fue dispuesta desde antes
para que yo dijera estas palabras, por ejemplo,
un rato más en este mundo.
También sé
que existen otros más fuertes que yo,
camuflados entre los pastizales,
midiendo ese punto en el que no tengo fuerza
para huir,
donde seré breve alimento de otras bestias.
Así es la naturaleza.
No inclina para nadie su balanza.
Que arda entonces,
          sin rencor,
                    su pensamiento.

Dos monedas en los ojos.
El aceite sobre la pira funeraria
y una historia que no hablará de mí.

Cuánto tiempo ha pasado,
siempre esperando una guerra
en la que pueda ser el héroe
y no otro espectador,
ese animal lleno de polvo
que aúlla a las estrellas.

Mis brazos, que aún recuerdan
el peso y el sonido de la espada,
ya no tienen la fuerza
para sostener el último segundo
en que estalla el universo.

Hay otros instantes más lúcidos, decían,
quienes marcaban en la noche
un secreto terrible, referente a sí mismos,
a la visión del mar y su ceniza.

Pero nunca la luz vino del cielo,
a pesar de la ebriedad del poeta
o sus asuntos pendientes con la vida.
Sufrir no es poseer heroicidad.
Ahora que suponemos el desastre,
que no hay batallas cruentas
en qué inmortalizarnos,

surge del presente un vaho efímero,
cortinas sucias como nieblas
detrás de los retratos,
procesiones que persiguen
nada más que una sombra.

Allá quedan los bosques afiebrados,
las páginas de fuego que descienden
como una voz sonámbula.
Y aquí estás, pese a todo,
fino como el puñal contra el relámpago,
débil entre los débiles del mundo,
construyendo tu torre con palabras,
sitiándolas para escapar de ellas,
para decir que viviste y no fue en vano,
para salvarte de ti mismo
y mirar cómo te vences,
creyendo,
desde la cima del aire.

FUI ADICTO A LAS DROGAS DURAS DEL AMOR.
Al atardecer que desciende sobre una ciudad
        griega
que refleja el episodio de mi ruina.
A los vahos narcóticos del bosque
que se quiebra en deleites al respirar despacio.

Me fui por la ruta del beso
y encontré el crujido de los animales celestes,
encontré santos con espaldas laceradas
por el glorioso cardo de la luz,
encontré páginas sumergidas en la Laguna Estigia
y eran los cánones prohibidos del silencio,
la tempestad en una píldora de prózac,
los niños que ofrendan su corazón al basurero,
las alas flamantes de las moscas
brillando como pequeños relojes
bajo la larga sombra del otoño.

Vivir así es traición,
es mutilarse los dedos en todos los tranvías,
es dejar una huella en los cristales del cielo
y que nadie lo note aunque pasen milenios.

Yo hallé una casa vacía en la palabra vida;
una carta de renuncia en los dinteles de la
felicidad,
y no fue coincidencia

que un escorpión devorase en mi mano una
 libélula,
que tus labios me recuerden el sabor del hierro,
que la piedad se ahogue
en una bañera de oro y mármol.

Todo esto también es vanidad,
lo sé, lo intuyo;
no obstante, las nubes cicatrizan
antes de volverse lluvia,
una sirena muere en la fuente del zoológico,
un Cristo se despedaza en ecos
que rebotan sobre la misma pregunta
¡Elí! ¡Elí! ¿lama sabactani?
y la tierra recoge la sangre con ebriedad sagrada,
no hace concesiones,
a oídos sordos recibe un cuerpo inerte
y los gritos de una madre que puede ser
 cualquiera.

Entonces te preguntas qué nos puede elevar,
qué nos puede arrancar de un tajo
las costras de lo ya vivido,
si nos encerrarán por ser demiurgos o esclavos
cuando tras un día punzante le sigue otro peor,
pero guardas la esperanza
de habitar la oscuridad y sus lechos dignamente.
Bendices musitando la discordia,

la realidad,
   y la otra realidad que inventa el corazón.
Buscas las drogas duras,
las que te hacen amar un mundo
que quizás vale la pena.

¿Y SI ESTO FUE UN ERROR?

Si lo que he profesado más allá de mi vida
con ahínco y sin dudarlo,
con todas las palabras posibles
que muy tarde aprendí.
Si me rindiera acaso de buscarme en un sueño
y encontrara dormida la pasión incorrupta de las
        piedras,
una deidad siniestra en cada línea de la mano,
una pústula que revienta
donde sembré el amor o la esperanza.
-¿Entonces, para qué?- Me diré a la cara,
como si me escuchase un ancestro mendicante,
esa parte de mí que no concibo propia.
Más que un error, permanece la duda.
Pero no merman mis ganas de vivir,
tanto reino que cruje ante mis ojos,
luchar contra la tempestad
o serla.

MI HERMANO ESTÁ PERDIDO.
No cantará ya más junto a las rocas,
no saltará los juncos de los ríos celestes,
no se repartirá en las sangres insumisas del
    domingo,
no le veremos palpar un cuerpo a ciegas,
no vendrá con la nada a decirnos lo que piensa,
no será materia del esplendor ni de la espera,
no lo soñarán los niños ni los poetas del futuro,
no se detendrá frente al Gran Cañón
ni su eco nos golpeará la cara como un magma
    sonoro,
no lo soportarán en una esquina los libros de
    historia,
no aprenderá a leer las viejas runas
ni elevará un tótem en las frías colinas,
no posará frente al pincel oscuro,
no descansará en los prados cuando llegue el
    verano
ni comerá lentejas cuando lo tiente el hambre,
no pasará husmeando las viejas casuchas
    derruidas,
ni sacará a bailar en la sombra a una doncella,
no beberá el calostro de los días,
no vendrá con la lluvia,
no calcará su rostro una nube,
ni hallará gracia en el canto de las aves,
no cederá su luz hacia otra cosa,
porque yo mismo lo maté.

Con estas manos lo maté.
Mi hermano está perdido para siempre
y yo también.

CUANDO ESTOY SOLO
me llega hasta la sangre
esta oración:
Dios de los parias y los vagabundos,
del trueno, del licor y de la luna,
ya no me obligues
a besar el hierro de tu ausencia,
no me des más por cárcel
vivir a tientas
masticando la luz de tu palabra;
vuélveme a mi centro,
a la humildad del polvo,
sin la necesidad de desnacer cada día
esperando un nuevo rostro y nuevo nombre.
Regrésame al puerto desde el mar
no importa si es otra la arena
en la dorada Ítaca,
si mi hijo murió en guerra
y mi mujer no me ama
y mi perro me devorara colérico
a las puertas de mi casa.
Llévame tú,
quiero sentir que vuelvo
apenas un momento;
que sea barco la noche
si no existiera barco,
y llegue yo al fin
aunque ya nada quede.

NO LOS PALACIOS
ni los viñedos del Olimpo.
No el laurel que poco a poco
se marchita en las sienes de las estatuas.
Ni una calle con mi nombre,
ni un minuto de silencio
antes de que comience
el carnaval del mundo.
Sino tomar un espejo,
sin presencia de nadie;
mirarme,
y no sentir vergüenza alguna.
Aquello y solo eso
               fue mi éxito.

En este mismo instante en el que escribo esto

y tú lo lees, y me prestas tus manos,
tus ojos y tu voz,
y todo parece arder azul en la belleza,
acaba un mundo inevitablemente para alguien,
un dios baja su dedo y se desploma un edificio,
el hocico de una hiena se impregna con la sangre
    de una cebra,
una serpiente devora a la cría de un halcón,
un ángel vuelve a ser violado a las puertas de
    Nínive,
y cae azufre ardiente sobre el jardín que
    sembraste.
Aquello sucedió
mientras esperabas una especie de coronación,
un poema impoluto donde verter el alma;
acaso un verso que pudiera evitar lo que ya ha
    sido.
Volverá a suceder, ciertamente;
todo el mal y consigo la belleza
como dos creaturas unidas por un cráneo
    invisible,
deseosas de ver colisionarse la materia,
y ni tu voz ni mi tinta
podrán entonces detenerlo.

ME TOMASTE DE LA MANO Y ME DIJISTE:
¿A dónde van los locos cuando mueren?
y yo no pude responder a esa pregunta.
Más creo ahora que no hay lugar posible;
ni siquiera el cielo desmemoriado y rojo
con sus paredes llenas de palabras,
ni ya el infierno vacío y sobrevalorado
con sus piedras de sílabas dolientes.

Los locos no van para ninguna parte;
aunque algo ríspido en su último estertor
les diga que han llegado por fin
al útero dorado de los sueños,
que dejarán caer sus máscaras sobre el rocío de la
 yerba,
y beberán el fuego verde de los días.

Lo cierto es que crecen magnolias sobre la
 negación,
lo cierto es que en mi libreta llevo el nombre de
 un ángel incestuoso,
lo cierto es que no existe tal lugar,
donde tu piel y mi piel se trastocan
en las mareas de la sangre,
donde nos cubrimos el rostro de fantasmas.

Ahora que mi mano dibuja la semilla
dentro de una casa desolada
y en tu boca hay cicatrices de nardos floreciendo,

llega esta garúa como un rumor de duda,
como dedos de plata desanudando el tiempo
y abren la desnudez de esa misma pregunta:
¿a dónde van? ¿a dónde, los locos que esperan
      temblando
ante el trono de la muerte?

Nada más tengo una verdad,
un irascible estigma para responder esa pregunta
pero no hace en mi lecho su visita,
no da su luz, aunque la cante;
una verdad concreta y serena
como luna de pobre,
pero no llega a mí,
no la recuerdo.

CAMINÁBAMOS POR BARRIOS FINOS
para soñar que eran nuestras,
al menos un momento,
las bellas casas que jamás tendríamos.
Tú decías que cambiarías esto o aquello,
que pondrías cierta pintura tenue
en esta o tal fachada,
que nuestros gatos serían felices
en aquel jardín frontal junto a los gnomos
y los renos de navidad.
Yo solo aspiraría al silencio de esa casa;
la que, para entonces,
tras mucho sudor de sol a sol,
ya sería nuestra.
Aquellos éramos nosotros,
tocando cielos y paredes de humo,
jugando a posponer la eternidad.
Nunca pude darte casa alguna,
y aunque a lo lejos parezca imperceptible,
habitaste siempre en mis palabras,
nuestro único refugio por lo demás insuficiente.
Ahora has puesto en ellas lo que siempre
        anhelaste.
Yo te contemplo en silencio
y te dejo hacer con la casa lo que quieras.

Siempre odié la lluvia.
No fue por sus complicaciones
cualquier mañana o tarde,
al salir del trabajo sin paraguas;
ni por mucho que han hablado de ella
los buenos y los malos poetas,
ni por la anunciada neumonía
tras intentar jugar bajo sus dinteles.

Tampoco anegó mi casa furia alguna,
ni vi caerse en un segundo el esfuerzo de una
          vida,
ni por un amor que se llevara el temporal
en tanto se deshacían los libros tutelares de la
          sangre.

Mi odio se debe a algo más sencillo;
a ese diálogo que un día, de niño,
mantuve a ciegas con mi madre.
Estaba oscuro y no podía dormir,
los rayos departían la nostalgia del cielo,
San Pedro corría muebles a diestra y a siniestra,
parecía que entonces
una montaña cayera sobre el techo de zinc,
mientras mis ocho años temblaban en el cuerpo.

Mi madre me llevó a la ventana,
descorrió los visillos del agua
y me dijo: *cuando muera,*
recuérdame al ver caer la lluvia.

Nadie pronosticó aquella tormenta
ni lo que vino después,
al tratar de recobrar alguna pertenencia en los
        escombros,
algo que se revele en el día claro
y que, aun así,
la ira de todo lo visible y lo invisible
no nos pudo quitar.

He visto muchas lluvias en mi vida,
he visto muchas aguas
flotar en su cadencia y desbordarse,
mas solo a una le temo:
la lluvia que cayó
como una premonición sobre la noche,
humedeciendo para siempre
el rostro de mi madre.

EL TIEMPO DONDE LOS GIGANTES MORÍAN POR MI MANO HA PASADO.
Los vi caer a todos.
Sentí temblar la tierra.
Di sus carnes a las bestias del campo
y al amanecer vi sus huesos
brillar amarillos bajo el sol;
con ellos mismos he forjado mi casa.
En la aldea, al mencionar mi nombre
los viejos apuraban un trago en su garganta,
un áspero licor, mezcla de miedo y respeto.
Las mujeres arrojaban claveles
sobre el camino en que iba mi caballo,
y los niños se turnaban en su juego,
el cual consistía en ser yo.
Pero esto es así,
un día eres la leyenda,
al otro el guiñapo que estorba
cuando cruzas la calle.
Y tal cual se van las líneas
escritas por tu mano,
estás cansado,
y ya no matas ni una mosca.
Alguien celebra entre tus páginas.
Las hormigas que trepan por tus libros
te ven como un gigante, mientras caes.

> *Tomen lo que ofrezca todavía*
> *un cuerpo partidario del amor.*
> Eduardo Langagne

Si total ya no me importa demasiado,
que hagan con mi cuerpo lo que mejor les plazca.
Quizás sirvan aún las córneas, inertes pero vivas
por haber visto lo que ellas solo callan.
Que tomen mis pulmones alelados de humo
como dos nubes pálidas y henchidas.
Que se lleven mi lengua, que la regalen a un
        marino
o a alguien cuya vida esté ligada con el agua,
y vuelva a hablar cuando partan las naves
en cualquier hora, cualquier puerto.

Córtenme las manos y dénselas al viento
partido por las labores del herrero,
o a quien cultive una pitahaya, un limón,
o un colmillo de elefante entre maderas y cuerdas.

Que traspase mi hígado el fantasma del fulgor
una vez más, en un cuerpo feliz, celebratorio;
así como mi sexo que tantas veces se paró
para atisbar el cielo y lo encontró
en cavernas húmedas de carne.

Tengan la bondad de llevarse mi vejiga,
mis riñones encalados de tiempo,

el que se fue, el que me hirió como un puñal
cuando lo tuve.

No dejen mi piel sobre el sofá;
puede que sea un buen abrigo de segunda mano
el día que tu infierno esté cubierto de nieve.

Me queda por donar el corazón,
pero qué clase de poeta sería yo,
que bazofia parlante,
si no lo diera entero a los gusanos,
a esta tierra arada de luz y podredumbre.

Si ya quedara algo,
si sobrara en el suelo un resquicio de mis días,
pónganlo todo al fuego
y no sientan temor.
Acostumbrado estuve desde siempre
                                        a la ceniza.

> *el rostro que duerme como duermen las flores*
> *cuando comprenden, soñando, que nunca fueron hierro*
> VICENTE ALEIXANDRE

TÚ NUNCA SERÁS HIERRO
aunque escupan tu corazón en cuadros grises,
aunque el verano encienda su pesadez en los
      cañales
que serán el licor que embriague nuestros ojos.

No veremos sino aquello que sea leve;
como el diente de león que reta al huracán
y le gana, atado a su sombra,
a su mínima raíz, y permanece.
Así tú; nunca serás hierro,
acaso brisa o prisión de la nieve
cuando amadas sean las luces
por las que desciendes,
cuando el silencio impregne todo
salvo tu claridad,
donde estarás rezando,
o edificada gimas
por el día bajo los cipreses.

Sabes el tiempo exacto en que vive una flor
y te da pena ocultarlo
más allá de tu vientre.
Llevas contigo el ruido de las hojas que crecen

y se distraen viendo grietas en el pavimento.
Ahí es su casa, pese a todo.
Ahí estás tú también formando cielos
para que la primavera irrumpa su belleza.
¡Oh, perfecta venganza de las flores!
que no podrán herirte, aunque lo quieran.

Te digo que ya no duele respirar
ahora que arrasa con mi voz tu voz de polen.
Todo fue servido en la mesa de lo cierto
y acuden a saciarse los animales invisibles.

Huele a verdad la tarde y sus otoños.
Las selvas y los mares
le dan la espalda a la mentira
y abrazan sin dudar
las respuestas de los príncipes.

Tú me preguntas dónde habrás de soñarte,
yo te respondo que jamás en el hierro.
Suéñate abriendo puertas sin tocarlas,
entrando ahí donde mereces
y a lo mejor ya estás,
donde duerme lo leve de la tierra
sin comprender filo alguno.

Para Juan Pablo

*Irás al bosque —dijo- y serás un samana. Si en el bosque
encuentras la felicidad, vuelve y enséñame a ser feliz.*

HERMAN HESSE
Siddhartha

ASÍ COMO SIDDHARTHA AHORA TE VAS
hacia la pesadez del bosque de la vida.
Tú, que tantas veces estuviste tranquilo
cálidamente entre las sábanas,
que no pensabas en el tiempo vulnerado
y disponías la mesa en forma generosa
con todo lo que se puede soñar y más,
con tus padres haciéndote una venia,
       complacidos,
porque ya habían trazado tantos destinos
luminosos para ti, universos,
galaxias con tu nombre en cada estrella,
porque ya te retenían de la vida violenta,
porque pudieron ocultarte del día malo
solo para que fueras feliz, y no lo eras.

Todos te adulaban, te traían coronas,
marchaban presurosos a tu puerta
para ver el prodigio, pero estabas vacío.
Dime, acaso no eras también tú como los otros,
no te advenías a las consecuencias del error,
no te quedaba por perder algo más puro

que este fuego adentro del diamante,
tu corazón enjuto, que late sin temor
a pesar de tu temor,
que rompe los letreros que prohíben,
que farfulla razones imposibles,
que decidido está a irse
para encontrarse afuera
lejos de este ritual de la templanza.

No quise dejarte ir para entonces,
pero quién era yo, sino otro buscador
que un día se fue de su casa y no volvió.
Conocí exactamente ese llamado,
el rigor de la espina,
noches en vela para trazar un plan,
no sentirse a gusto en ningún lado,
ni con nadie, aun con el amor
y sus luces pomposas.

Mi mano en tu hombro te lo dijo,
puedes irte,
porque aquí ya no hay nada que te pertenezca,
porque ya te quedaron cortos los zapatos,
porque has de darle un beso en la frente
a tu madre mientras duerme
y saldrás por la puerta, rebosante,
con el pájaro de la intención
y manos llenas a la vida,
para resolver esa pregunta
que solo tú conoces.

Durarás en tu viaje
lo que del tiempo arranques como un fruto,
y sabrás, pese a todo,
que aquí estaré esperándote,
cada tarde en la puerta,
aunque no vuelvas,
hijo que cantas en mi sangre,
por si el mundo no fue
tan real como soñabas,
o si fue más que eso
solo un sueño.

SI DISPUSIERAN ANTE MÍ
una mesa antes de irme,
donde ya no hay memoria
ni atisbo de una vida,
rebosaría entonces con aquello
que por descuido o por error
un día perdí.

Y de nada servirá lamentarse
por el viudo calcetín o la corbata,
por el saco que condené a una silla
tras el ardiente baile de sombras
y de máscaras.

Sería inútil querer tocar aquellas manos
o esos ojos tan verdes como estanques
con monedas al fondo que empobrecieron
para entonces mi tristeza.

No me salvará siquiera la alegría
de un cuerpo, un río, un alma,
las risas cual frutas devoradas,
amaneceres en los fondos de las botellas,
canciones en idiomas lejanos
y los libros, muchos libros
entre arenas ya idas con el viento.

Pondrán también sobre la mesa
los antiguos trofeos y fracasos,

y quizás tendré vergüenza de mi nombre
cuando en fotografías en sepia
alguien contemple mi rostro aún joven
y se pregunte "¿Quién fue?".

Ya no estaré ni aquí, ni en la mesa,
ni en estas líneas que lees por azar.
La mesa un día se irá,
y tú también te irás,
buscando lentamente,
entre las telas del recuerdo,
aquel desdibujado rostro,
o aquel verso olvidado,
la única prueba fehaciente
de tu paso por la tierra.

CON MI RABIA FORJÉ UN ÍDOLO.
En la esquina de mi cuarto fue creciendo.
De noche gruñe como un animal desconocido.
A oscuras fui moldeándolo
para que tuviera la apariencia de los otros,
para que los ahogara cierta coincidencia de días y
        retazos,
cierta comunión con lo inefable.
No lo logré, acaso.
Mi madre insiste en que se parece a mí.
Una creatura que obedece a su amo;
a su fiel y devoto compañero.
Yo vomito sobre esa adoración
porque las palabras llevan el rostro
de quienes las pronuncian.
Es una ley inevitable.
Aquí no se pregunta lo evidente.
Bajo finos vestidos
escondo mi espalda flagelada.

La bala que no me mató me sigue persiguiendo.
Acodado a la orilla de una fosa común
veo pasar la vida y lo que fue,
una simple resurrección entre los muertos.
Un prodigio que cualquiera encuentra
como un fruto maduro y al alcance de la mano.

Mis deudos muerden el gusano de la envidia.
Quisieran correr la suerte
que sin pedirlo me ha tocado.
Lo que no saben es que no puedo dormir,
que si me acuesto llegará una mano de plomo
a tocarme la frente con la velocidad de los
 fantasmas.

Tampoco puedo sentarme a descansar.
Por eso algunos creen que me he forjado
una fortuna caminando;
que aquello que mis pies han abarcado
no es más que un soplo de plata
en la aurora lejana.

No hay tal cosa.
Si algo he avanzado en el camino
se lo debo a la presencia del miedo,
a algún mal presagio que me tienen prometido.

La bala que no me mató envejece conmigo,
sabe que no habrá una segunda resurrección
si llegamos a encontrarnos.

Me hubiese gustado
que Nina Simone fuese mi tía.
Haberla visitado los fines de semana
y llevarle un dibujo
o algunas cartas de letra temblorosa.

Haberme sentado con ella al piano,
sin saber tocarlo,
y quedarme entonces
observando sus negros, largos dedos,
deslizarse como un río sobre el marfil blanco.

Su voz espejeando la lucidez del día,
su voz como una barca de bronce en la alborada.

Hubiese tenido cinco, diez años,
posaríamos con una melancólica sonrisa
y una foto llenaría algún vacío de mi biblioteca.

Maravilloso haberme quedado dormido
en los brazos de la tía Nina;
el sol, la vida, serían nuevas
y me sentiría bien.

Ningún ángel enfermo se atrevería a tocarme,
ninguna maldición de aguas remotas
llegaría hasta hacerse espuma
o tentación entre mi copa.

Tendría buena suerte con las chicas
contándoles que mi tía es Nina Simone.
Sólo imagínalo.
El sobrino de la amiga
de los sepultureros y los bartenders
caminando sin prisa alguna tarde
en Carolina del Norte,
preguntándole a la muerte si habla español.

Tantas cosas hubieran sido diferentes;
pero esto es así,
uno no escoge las tías que le tocan.

Me queda de consuelo un acetato
que gira como el mundo
donde todo inicia y termina;
contemplar este cine mudo a blanco y negro,
en el que sigo escuchando
una voz en mi cabeza que me dice:
las personas felices no tienen historia.

ENTRO A HURTADILLAS EN LA NOCHE
para observarlo todo.
Mi faro es esa única habitación encendida
donde hay alguien esperándome
mientras los demás duermen.

Como en medio de un milagro
estoy en el jardín,
y veo una silueta
que no denota mi presencia.

Con su cabello juega o es espuma
que no capta la sal;
como del día se desprende de su blusa,
deja caer el pantalón
y esa imagen me recuerda una ciudad.

Un pecho ya o un muslo a solas
son lo mismo para el ojo cuadrado.

Mi vista se sumerge
en la paciencia de los cocodrilos.
Afuera está la piel del antílope creciendo,
yo solo espero su sed bajo las aguas.
Hay un hambre y un deseo
y ambos me gobiernan.

Me poso plácido
entre el vituperio de quien es encontrado

o quien tras el descaro
juega a hacerse el invisible.

Entonces, lentamente,
lo que busco se despelleja para mí
y me muestra otra hermosura.
Su mirada sin párpados podría verme acaso
cuando me toco detrás de estos matorrales
pensando en el tacto, en el tejido, en las arterias,
en esa roja consumación de fábulas
y las huellas de sangre adentro de una habitación.

Si por bondad, ahora,
se desprendiera del músculo y me enseñara un
        hueso,
yo sería el más enfermo de sus perros,
o una hiena con el hocico colorado,
y no este galgo viejo
que ya ha olvidado aullar.

La silueta se pierde en las cortinas
y se apaga la luz.
Pronto, de la punta de una espina
saldrá el día,
y yo me volveré de piedra
como las tapias de los cementerios.

UNO A UNO,
como dispuestos en la pared de una galería,
                                          tus errores.
Tienen tu firma,
la fecha que plasmaste
con tinta indeleble en una esquina.
No los niegas;
pues ahí están y son tuyos.
Por el contrario,
los reconoces como una enfermedad incurable,
o como a hijos que serpentean
en tu memoria o en tu sangre.
Nadie te ha invitado,
pero pagaste gustoso
la entrada a ese museo
donde hoy exhiben tus errores;
y aunque no llegó nadie,
alzas la copa,
        y brindas,
tu propia voz se quiebra
en la sala vacía.

Donde todos los sueños
vuelven al cauce de sus formas,
donde todos los ríos despeñados del cielo
son dragones devorados por el aire,
donde la espina cae
sin más contradicción que ser silencio,
donde la tinta discurre presurosa
hasta volverse otoño,
donde recrea Dios mismo su mirada
empapando las ruinas que sabemos,
donde tras años absortos y fugaces
regresamos sin nada al blanco del comienzo,
ahí te esperaré,
        seré la piedra
                que lleve nuestros nombres.

NUNCA FUIMOS EXPERTOS CAZADORES;
pero esta noche contigo,
escondidos entre el pasto,
a merced del milagro o lo que venga,
aguardamos a que salgan las bestias.
Con un poco de suerte
la primera será herida por mi brazo.
Tú la rematarás con una flecha
o un cuchillo de obsidiana;
sangrando correrá por el campo hasta caer,
y volveremos,
bajo el cielo pletórico de estrellas,
arrastrando la presa a nuestra cueva.
De ella comerán nuestros hijos,
de ella comeremos nosotros.
Te juro que sentiremos dicha
de haber sobrevivido
y contaremos esta historia
con nuestro rostro iluminado por el fuego.

ALGUIEN REESCRIBE LA LEYENDA DEL DILUVIO. Mira al justo Noé y a su familia trabajar durante días y noches, sin descanso. La tierra está seca todavía, la brea humeante sobre la madera de la barca. Hombres borrachos llegan a burlarse. Las mujeres descubren sus pechos y bailan lascivamente ante los hijos de Noé. Alguno de ellos sintió crecer algo debajo de su túnica, pero se acuerda de su ley y merma entonces todo vulgar artificio. La primera gota cae el día menos esperado. Aparentemente, están todos los animales dentro, o casi todos. Quedan por fuera los que no abarcaron la última línea del escriba. Por lo tanto, son libres de ser mitología. Cuarenta días con sus noches. Todo es mortandad. Cúmplase lo escrito, las aguas lavan el arrepentimiento de Dios al crear al hombre. Su sarcasmo es un arco en el cielo o una rama tierna en el pico del ave. Da lo mismo. Todo siguió igual por aquí cuando las aguas bajaron. A pesar de las promesas, el hombre no se apartó nunca de sus vínculos salvajes. El escriba tampoco, ni los que después de él vinieron a negar esta historia, con sus dudas, sus términos y pruebas irrefutables como moscas en la primera sopa de Noé sobre la tierra firme. Puedes creerlo o no, que ya no importa. Desde el espacio, un satélite capta la imagen de un objeto extraño en la cima del Monte Ararat.

> *Difícil, cada vez más, la poesía.*
> CARLOS MARTÍNEZ RIVAS

ES CIERTO,
aquí ya nada queda.
Me has vencido, poesía.
¿Debo llamarte así,
o medusa que antemano
mi rostro enmudeciera,
o témpano que a duras penas
me absorbiese a contraluz,
o saeta cuyo miedo
no puede ocultar la voz del agua?
Nombrarte acaso, así,
con tanto mundo en las manos vacías,
con las acacias revueltas de veranos dolientes
donde las fechas acarrean por sí mismas
su carromato de sombras,
prestas al ruido blanco de sus ruedas,
despertándome de un sueño de parias
en el que todo era prístino según su propia ley.
¿Dónde nombrarte?
Si ya voy de bajada por la vida,
y no hice honor a los trabajos del escorpión,
ni seguí el rastro de sal
que conducía al hogar de la serpiente.
Prorrumpieron las cumbres su nevada
y yo no puede verlas
porque apenas salía de encontrarte en la palabra,

apenas esbocé una breve línea
digna quizás de soportarte,
de sostenernos sin mácula u horizontes;
apenas pude rozarte con la espina
para decir que no hay grieta en el pliego de tu
        historia,
que ya no estás en la vida real ni en la muerte
sino en el tiempo que ahoga los geranios,
que amarillea los libros que sordos te contienen,
que me hace ir más jorobado
y ocultar mi rostro del atardecer.
Tal vez no fuiste otra cosa más que el tiempo
y en él, tu único tema;
tu sola canción inaugural y vespertina
que todos los que te buscaron quisieron tañer
en liras empolvadas y maltrechas.
Pero tú los alcanzaste primero,
decapitaste pájaros que no sabían volar,
y dejaste solamente aquello que fuese rapaz y
        duradero.
Muchos no te entendieron y quisieron matarte;
con túnicas amargas llegaron a cubrirte,
con flores quisieron tapar la podredumbre,
darte un nuevo trabajo
donde no incomodara tu presencia.
Tontos fueron,
porque tú enalteces al humilde
delante de los poderosos,
no te entregas a cualquiera

salvo a quien lleve en tu espalda
el azogue de tu carne,
a quien beba sin dudar tus veredictos.
Es por eso que a veces
me tornas invisible y lo agradezco,
hueles a mi sangre, pero no estoy ahí,
y aunque digan encontrarme en tus huellas
sé que estuve de paso solamente,
en tu bella ciudad fui forastero.
Pero me fueron doliendo como propios
los libros añejados por la desesperación,
las fotos con caras conocidas,
la música que habita las maderas,
la joven mano que se posa en la mía
y me recuerda la sed de lo cumplido.
Ya no me debes nada ciertamente.
Si mañana te fueras,
estaría feliz que así lo hicieses.
Una vez me salvaste,
y aunque ahora estoy perdido,
quizás en soledad digas mi nombre,
tal vez ya no haga falta ni tocarte.
Reine en mí, pues, tu enfermedad.

MI CASA,
una pequeña sucursal
de la Torre de Babel.
Los días nos tachan el lenguaje.
Nos alejamos por miedo
y, aun así; en la oscuridad total y circular
volvemos a tocarnos
espalda tras espalda.
Sabemos que el otro respira
con un arma contundente en la mano,
quizás el corazón.
A pesar del peligro,
en invierno demarcamos
zonas de tolerancia;
cualquiera que venga a visitarnos
diría que somos una tribu.
Jamás sospecharían del orgullo
ni del rumor de la acechanza.
Aquí nadie se entiende, es cierto;
pero nos necesitamos.
El hambre sigue siendo
nuestra torre más alta.

OTRA VEZ VINO Y ME PASÓ DE LARGO,
o a lo mejor fue tan de cerca
que confundí con la noche
la palma de su mano.
Yo, que la invoqué,
que la quise para mí tantas veces,
que la deseé arrancándome las uñas por envidia
cuando a otros visitaba,
me quedé mudo precisamente ahora
que la tuve indistinta, frente a mí,
en las pagodas del frío.
Será adrede su afán por ignorarme,
y hace bien, si hablamos de verdad.
Mas cuánto duele aún su mancha oscura,
que no me hallen sus ojos debajo de las aguas,
que venga así desnuda en la parca deshora,
y se lleve lo que ame, tan sin más,
tan solo por haberla llamado un día
antes de tiempo.

TODOS NECESITAMOS UNA LIMPIA EN CATEMACO.

Desandar, mochila al hombro,
la trivialidad de los días de siempre,
de las lunas carentes de asombro,
donde la aurora no descubre nada más,
y tiembla la razón de las noches
contemplando, buscando eso tal vez
que nunca llega.

Algo nos hace falta cada vez que miramos
un espacio vacío entre mil cosas.
Escribimos para atarnos por dentro,
nos odiamos para salvar por fuera
lo que solo se aprecia desde lejos;
un paisaje total, una vendimia
que quema cada acción
en el paso del tiempo.

Un error es un cuerpo que arrastras y que hiede;
pero nadie mira nunca tus pequeñas victorias,
porque sigue siendo corta la memoria del milagro.
La esperanza sigue ahí,
y ya no sabes si es un niño dormido o muerto;
y, aun así, es tan hermoso que no te atreves a
      tocarlo.

Esa es tu lucha; quizás la mía también,
mientras descorchamos dulces licores o venenos

que en la sombra apuramos y los hacemos
        nuestros,
y convidamos al mundo en su dolor de estrella,
que se sabe lejana y habitable,
que se entierra a sí misma bajo mares,
que resulta atractiva y maloliente,
siempre en dualidad y en lo contrario.

Lo mismo nos sucede, aunque no lo queramos.
Eso nos dijo el brujo aquí en las Tuxtlas;
eso exudaron las selvas tropicales,
eso escuchamos en el devenir del agua amniótica
que baja para el bautismo de los muertos.

Estamos sucios, lo sé;
pero el humo de una casucha a lo lejos
nos invita a vestirnos de blanco,
a portar una efigie en nuestro cuello,
a adentrarnos en el aroma del copal,
a lavarnos el rostro con arcilla,
y enterrar nuestros nombres bajo el canto.

Cada palabra no dicha sigue siendo un rezo,
mientras tu sombra atardece en la Isla de los
        Monos,
y sales de un ritual que acaso entiendes,
y la luz se multiplica en ópalos de lluvia
hasta negar las impurezas de la sangre.

Algún día, ojalá pronto, volveremos
por las sendas del mar de Veracruz,
a estas tierras que delimitan nuestra historia.

Habremos de regresar
para la limpia del cuerpo y del poema;
cuando el sueño se tienda en el camino
y nos dirija a él,
o a su batalla de tiempo inabarcable.

ALGO NOS SIGUE UNIENDO A LO SALVAJE.
El escozor de las malas yerbas
aún penetra la piel de los animales sagrados.
Conocemos la euforia
y la vehemencia de la carne que se abre
para darnos alimento,
para hacer posible todavía
la ley del más fuerte
bajo la luna y sus símbolos,
junto al río que lleva
vestigios del deshielo.
Como a una profecía
regresamos al vínculo,
y detenemos de pronto
nuestras naves en la niebla.
Hacia la luz total
dirigimos nuestras barcas.

EN POBREZA, ENLOQUECIDO,
sin poder hilar siquiera
dos o tres versos que valiesen la pena.
Con la madre enferma,
con los dientes podridos por el té
o cigarrillos o trompazos,
así vi a mi compañero de generación,
al viejo amigo que supo el secreto
y tuvo el don sagrado,
a la promesa nacional de la poesía.
Ahora duerme ahorcado con su sombra,
espera no sé qué detrás de la ventana;
quizá un premio, una ayuda municipal,
una biblioteca de escuela con su nombre.
Cada vez que me ve suelta a llorar.
A falta de libros de su autoría
me obsequia una obra de Lord Byron,
tiene el lomo zafado, pero es de cuero – dice-
y sé que vos coleccionás esas rarezas.
Yo le doy tres libros míos,
pide que se los firme y no sé qué escribirle.
¿Qué se le escribe a los príncipes caídos?
¿Cuál es la palabra precisa que lo nombre?
Me ofrece una pintura hecha por él,
yo la rechazo por pudor;
y buscamos en el rostro de cada quien
si somos huéspedes aún
de aquellos jóvenes que fuimos,
de tantas copas levantadas

en tardes de calor,
entre libros de piel y lluvia olvidados
antes que el tiempo instaurara una mudanza,
la total separación de una palabra
que no bastó para sanar a nadie.
Lo bello y lo profundo de esos días
se lo llevan las aguas,
y es mejor dejar quietas,
en su sitio, algunas cosas.
Nos despedimos,
y esta vez comprendemos
que no hay verso que le haga honor a la nostalgia,
que a la poesía le valen madre las promesas,
y se está bien así,
demorando lo esencial para mañana.

Not waving but drowning
STEVIE SMITH

TANTAS VECES SACUDÍ MI MANO
fuera del agua antes de ahogarme
y siempre confundieron mi señal de auxilio
con el gesto del adiós.
Los fantasmas de la espuma se enredan en mi
       pelo.
En la arena,
mi dedo ya no escribe este poema.
Hoy soy ese cuerpo en la orilla
que devoran los pájaros.

SABES QUE LAS COSAS VAN MAL
cuando todo lo que has hecho,
todo de lo que has logrado huir
te sabe a gloria y no te llena.
Y ante tal perfección,
te sientes el soldado vencido
por el rostro de Medusa,
la vida te parece una mueca de piedra.
Aún en estos términos,
las cosas adquieren un tono de bondad.
La tarde escampa de su lluvia plomiza
para que un Lucifer venido a menos
inocule su veneno en la más pequeña flor
antes de tomar el autobús a su infierno de papel.
Nada es como lo imaginaste.
Trabajo, fama y una buena salud
contrastan la mocedad de aquellos años
cuando cerrabas los ojos en el fuego
para verlo por dentro,
cuando jurabas que llegarías a ser pólvora
y no el puñado de polvo en que ahora
va tornándose la punta de tu lengua.
Algo definitivamente faltó,
en algo habrás fallado, muchacho mío,
tras izar una vela en el poniente,
al recitar la letanía de la niebla,
al fomentar la ausencia en los pulmones del mar
y el testamento efímero del pez.

Quizá una línea;
quizá la fuerza exacta del cerillo
en el papel de lija
cayendo en cámara lenta
sobre la yerba seca;
y antes de eso,
otro que no eras tú ya había perecido
en el incendio del otoño.
Sea lo que sea,
has llegado hasta acá en una sola pieza,
y aunque no te declaraste héroe
a ti mismo por ello,
caminas de puntillas,
como amputándote la sombra,
y deseas cancelar esta tregua
que el mundo ha declarado para ti.
Ambos lo sabemos, mi muchacho,
morir violentamente sería más decoroso,
pero a estas alturas es un lujo imposible
para alguien que ha encontrado a su manera,
sobre la tierra que pisa y aún respira,
los huesos amarillos de la felicidad.

SI POR ALGUNA VEZ VOLVIERA AQUÍ,
más allá de estas costas,
de estos rumbos
donde la música es tenue
y habla por nosotros,
y en cualquier rincón
de un bosque hallárame,
dejando como migas
pedazos de mi vida,
para volver a un lugar donde soñarme,
para retornar a la molienda del café,
a la misma mecedora,
a los libros besados por la luz,
a lo que soy ahora con tu piel en mis labios
y toda su verdad.
Entonces, solo entonces déjame pasar,
aunque ya sea solo brisa,
permíteme celebrarme,
recuérdame mi nombre
cuando llegue ese día.

¡Tan-tan! ¿Quién es? Es el Diablo
JOSÉ GOROSTIZA

DIABLO TÚ NO PUEDES CONMIGO. *He puesto aguasanta en la fuente envenenada, y huyeron de sí las alimañas que desterraron al sinsonte, que pusieron en vilo al ruiseñor. He ofrecido a la luna este baile de vísceras sagradas, y agité el timbal con fuerza en la noche de los negros; de quien sufrió la burla a merced de un látigo de niebla. Este calor lo evaporó. Si te fijas, ya no existe. Toma un machete y corta el pasto de la incredulidad que aún crece verde en tus palabras; mas no éstas, incendiarias y erguidas, aunque quieras verlas caer, no lo verás. Tú no verás crecer el musgo en las tumbas de los mártires. No te sentarás a mi lado a contemplar cómo un ave de presa me devora las entrañas. No verás los postigos de la desilusión abriéndose a mis manos. No verás el pulgar abajo del emperador ante una turba enardecida, ni al verdugo limpiándose con seda las comisuras llenas de sangre. Mi vida es un eclipse enarbolado por la ciencia. Tú no la puedes tocar. Mi vida es un vestigio de oro de los primeros cometas. Tú no los puedes sentir. Mi vida es una raya más al tigre al que le temes. Por las calles imantadas de luz esparzo vida. Por los muelles olorosos a suampo siembro vida. Por los pasillos de un hospital abandonado digo vida; y la lengua se me llena de señales, de aguijones y espadas encendidas como en el poema de Milosz. Diablo tú no puedes, no puedes conmigo. Estoy rodeado de todo lo que vale la pena en este mundo y sé cantarlo. Tengo la urgencia de uncir con hambre la casa de mis huesos. Llevo la música plantada como escarcha en los bolsillos. Tu azufre no lo* puede evitar. Tengo un escritorio con una lámpara roja que late cuando escribo lo que tú no puedes borrar. Ándate al Diablo, Diablo. Mira esta inmensa minoría de antorchas que te ahuyentan. Atrás, ya solo queda tu ceniza, y el viento siniestro que besa los labios de las máscaras. Nunca has podido ni podrás. Diablo tú no puedes. Tú no puedes conmigo.

HACE TIEMPO QUE DESEO
pasarle la navaja por el cuello.
Embaucarlo.
Darle un puñetazo
mientras todo en él
tiembla o suplica.
Dejarlo hecho un guiñapo
del que ya no pueda levantarse
aunque lo intente,
aunque lo implore con gestos inefables.
Pero me vence.
Siempre llego y me vence.
Mi adversario me levanta
cada mañana
y me perdona la vida.

Acerca del autor

Juan Carlos Olivas (Turrialba, Costa Rica, 1986). Estudió Enseñanza del Inglés en la Universidad de Costa Rica (UCR). Se desempeña como docente. Ha publicado los poemarios *La Sed que nos Llama* (EUNED; 2009) Premio Lisímaco Chavarría Palma 2007; *Bitácora de los hechos consumados* (EUNED; 2011) por el cual obtuvo el Premio Nacional Aquileo J. Echeverría de poesía 2011 y el Premio de la Academia Costarricense de la Lengua 2012; *Mientras arden las cumbres* (EUNA; 2012), libro que le valió al autor el Premio de Poesía UNA-Palabra 2011, *El señor Pound* (EUNED, 2015; Instituto Nicaragüense de Cultura, Nicaragua, 2015) acreedor del Premio Internacional de Poesía Rubén Darío 2013, *Los seres desterrados* (Uruk Editores; 2014), *Autorretrato de un hombre invisible (Antología personal)* (Editorial EquiZZero, El Salvador; 2015), *El Manuscrito* (Editorial Costa Rica; 2016) Premio de Poesía Eunice Odio 2016, *En honor del delirio* (El Ángel Editor; 2017) Premio Internacional de Poesía Paralelo Cero 2017 en Ecuador, *La Hija del Agua* (Amargord; Madrid, 2018), *El año de la necesidad* (Ediciones Diputación de Salamanca; Salamanca, 2018), Premio Internacional de Poesía Pilar Fernández Labrador, *Colección Particular. Antología personal* (Nueva York Poetry Press; New York, 2018); *Las verdades del fuego. Antología breve* (Ediciones Municipalidad de Lima, Perú, 2020) y *Contra un cielo pintado* (EUNED; 2021). Su obra ha sido traducida parcialmente a 18 idiomas.

ÍNDICE

Los vínculos salvajes

Todo apunta a que este puede ser un mal día · 13
A nadie vamos a engañar con esto · 15
Hoy es un buen día · 17
En esta esquina · 19
A veces me preguntan mi nombre
y digo: Ulises · 21
Quise recapitular · 23
Acodado en un rincón de la barca · 25
Nada podrán exigirme · 26
Vi cosas en la naturaleza · 27
Dos monedas en los ojos · 28
Fui adicto a las drogas duras del amor · 30
¿Y si esto fue un error? · 33
Mi hermano está perdido · 34
Cuando estoy solo · 36
No los palacios · 37
En este mismo instante en el que
escribo esto · 38
Me tomaste de la mano y me dijiste · 39
Caminábamos por barrios finos · 41
Siempre odié la lluvia · 42
El tiempo donde los gigantes morían por
mi mano ha pasado · 44
Si total ya no me importa demasiado · 45
Tú nunca serás hierro · 47

Así como Siddhartha ahora te vas · 49
Si dispusieran ante mí · 52
Con mi rabia forjé un ídolo · 54
La bala que no me mató
me sigue persiguiendo · 55
Me hubiese gustado · 57
Entro a hurtadillas en la noche · 59
Uno a uno · 61
Donde todos los sueños · 62
Nunca fuimos expertos cazadores · 63
Alguien reescribe la leyenda del diluvio · 64
Es cierto · 65
Mi casa · 68
Otra vez vino y me pasó de largo · 69
Todos necesitamos una limpia
en Catemaco · 70
Algo nos sigue uniendo a lo salvaje · 73
En pobreza, enloquecido · 74
Tantas veces sacudí mi mano · 76
Sabes que las cosas van mal · 77
Si por alguna razón volviera aquí · 79
Diablo tú no puedes conmigo · 80
Hace tiempo que deseo · 82

Acerca del autor · 85

WILD MUSEUM
MUSEO SALVAJE
Latin American Poetry Collection
Homage to Olga Orozco (Argentina)

1
La imperfección del deseo
Adrián Cadavid

2
La sal de la locura / Le Sel de la folie
Fredy Yezzed

3
El idioma de los parques / The Language of the Parks
Marisa Russo

4
Los días de Ellwood
Manuel Adrián López

5
Los dictados del mar
William Velásquez Vásquez

6
Paisaje nihilista
Susan Campos Fonseca

7
La doncella sin manos
Magdalena Camargo Lemieszek

8
Disidencia
Katherine Medina Rondón

9
Danza de cuatro brazos
Silvia Siller

10
Carta de las mujeres de este país /
Letter from the Women of this Country
Fredy Yezzed

11
El año de la necesidad
Juan Carlos Olivas

12
El país de las palabras rotas / The Land of Broken Words
Juan Esteban Londoño

13
Versos vagabundos
Milton Fernández

14
Cerrar una ciudad
Santiago Grijalva

15
El rumor de las cosas
Linda Morales Caballero

16
La canción que me salva / The Song that Saves Me
Sergio Geese

17
El nombre del alba
Juan Suárez

18
Tarde en Manhattan
Karla Coreas

19
Un cuerpo negro / A Black Body
Lubi Prates

20
Sin lengua y otras imposibilidades dramáticas
Ely Rosa Zamora

21
El diario inédito del filósofo vienés Ludwig Wittgenstein /
Le Journal Inédit Du Philosophe Viennois Ludwig Wittgenstein
Fredy Yezzed

22
El rastro de la grulla / *The Crane's Trail*
Monthia Sancho

23
Un árbol cruza la ciudad / *A Tree Crossing The City*
Miguel Ángel Zapata

24
Las semillas del Muntú
Ashanti Dinah

25
Paracaidistas de Checoslovaquia
Eduardo Bechara Navratilova

26
Este permanecer en la tierra
Angélica Hoyos Guzmán

27
Tocadiscos
William Velásquez

28
De cómo las aves pronuncian su dalia frente al cardo /
How the Birds Pronounce Their Dahlia Facing the Thistle
Francisco Trejo

29
El escondite de los plagios / *The Hideaway of Plagiarism*
Luis Alberto Ambroggio

30
Quiero morir en la belleza de un lirio /
I Want to Die of the Beauty of a Lily
Francisco de Asís Fernández

31
La muerte tiene los días contados
Mario Meléndez

32
Sueño del insomnio / Dream of Insomnia
Isaac Goldemberg

33
La tempestad / The tempest
Francisco de Asís Fernández

34
Fiebre
Amarú Vanegas

35
*63 poemas de amor a mi Simonetta Vespucci /
63 Love Poems to My Simonetta Vespucci*
Francisco de Asís Fernández

36
Es polvo, es sombra, es nada
Mía Gallegos

37
Luminiscencia
Sebastián Miranda Brenes

38
Un animal el viento
William Velásquez

39
Historias del cielo / Heaven Stories
María Rosa Lojo

40
Pájaro mudo
Gustavo Arroyo

41
Conversación con Dylan Thomas
Waldo Leyva

42
Ciudad Gótica
Sean Salas

43
Salvo la sombra
Sofía Castillón

44
Prometeo encadenado / Prometheus Bound
Miguel Falquez Certain

45
Fosario
Carlos Villalobos

46
Theresia
Odeth Osorio Orduña

47
El cielo de la granja de sueños / Heaven's Garden of Dreams
Francisco de Asís Fernández

48
hombre de américa / man of the americas
Gustavo Gac-Artigas

49
Reino de palabras / Kingdom of Words
Gloria Gabuardi

50
Almas que buscan cuerpo
María Palitachi

51
Argolis
Roger Santivañez

52
Como la muerte de una vela
Hector Geager

53
El canto de los pájaros / Birdsong
Francisco de Asís Fernández

54
El jardinero efímero
Pedro López Adorno

55
The Fish o la otra Oda para la Urna Griega
Essaú Landa

56
Palabrero
Jesús Botaro

57
Murmullos del observador
Hector Geager

58
El nuevo gusano saltarín
Isaac Goldemberg

59
Tazón de polvo
Alfredo Trejos

60
Si miento sobre el abismo / If I Lie About the Abyss
Mónica Zepeda

61
Después de la lluvia / After the Rain
Yrene Santos

62
De plomo y pólvora. Poesía de una mente bipolar /
Of Lead and Gunpowder. Poetry of a Bipolar Mind
Jacqueline Loweree

*

New Era:
Wild Museum Collection & Arts
Featuring Contemporary Hispanic American Artists

63
Espiga entre los dientes
Carlos Calero
Cover Artist: Philipp Anaskin

64
El Rey de la Muerte
Hector Geager
Cover Artist: Jhon Gray

65
Cielos que perduren
José Miguel Rodríguez Zamora
Cover Artist: Osvaldo Sequeira

66
Por el mar, con los monstruos de Ovidio a otra parte
Francisco Trejo
Cover Artist: Jaime Vásquez

67
Los vínculos salvajes
Juan Carlos Olivas
Cover Artist: Jaime Vásquez

POETRY
COLLECTIONS

ADJOINING WALL
PARED CONTIGUA
Spaniard Poetry
Homage to María Victoria Atencia (Spain)

BARRACKS
CUARTEL
Poetry Awards
Homage to Clemencia Tariffa (Colombia)

CROSSING WATERS
CRUZANDO EL AGUA
Poetry in Translation (English to Spanish)
Homage to Sylvia Plath (United States)

DREAM EVE
VÍSPERA DEL SUEÑO
Hispanic American Poetry in USA
Homage to Aida Cartagena Portalatín (Dominican Republic)

FIRE'S JOURNEY
TRÁNSITO DE FUEGO
Central American and Mexican Poetry
Homage to Eunice Odio (Costa Rica)

INTO MY GARDEN
English Poetry
Homage to Emily Dickinson (United States)

I Survive
Sobrevivo
Social Poetry
Homage to Claribel Alegría (Nicaragua)

Lips on Fire
Labios en Llamas
Opera Prima
Homage to Lydia Dávila (Ecuador)

Live Fire
Vivo Fuego
Essential Ibero American Poetry
Homage to Concha Urquiza (Mexico)

Feverish Memory
Memoria de la Fiebre
Feminist Poetry
Homage to Carilda Oliver Labra (Cuba)

Reverse Kingdom
Reino del Revés
Children's Poetry
Homage to María Elena Walsh (Argentina)

Stone of Madness
Piedra de la Locura
Personal Anthologies
Homage to Alejandra Pizarnik (Argentina)

Twenty Furrows
Veinte Surcos
Collective Works
Homage to Julia de Burgos (Puerto Rico)

VOICES PROJECT
PROYECTO VOCES
María Farazdel (Palitachi) (Dominican Republic)

WILD MUSEUM
MUSEO SALVAJE
Latin American Poetry
Homage to Olga Orozco (Argentina)

OTHER
COLLECTIONS

Fiction
INCENDIARY
INCENDIARIO
Homage to Beatriz Guido (Argentina)

Children's Fiction
KNITTING THE ROUND
TEJER LA RONDA
Homage to Gabriela Mistral (Chile)

Drama
MOVING
MUDANZA
Homage to Elena Garro (Mexico)

Essay
SOUTH
SUR
Homage to Victoria Ocampo (Argentina)

Non-Fiction/Other Discourses
BREAK-UP
DESARTICULACIONES
Homage to Sylvia Molloy (Argentina)

For those who like Olga Orozco believe that "a word on the back of the world allows the enemy to advance," and who like her recognize that "half of desire is barely that, half of love is only a measure," this book was published in Manhattan on July 2025, as part of the Wild Museum Collection by *Nueva York Poetry Press*, in homage to her voice.

www.ingramcontent.com/pod-product-compliance
Lightning Source LLC
Chambersburg PA
CBHW030121170426
43198CB00009B/693